AF318115

# HISTORIQUE

## DU

# MOUVEMENT DE LA PAIX

# PRINCIPAUX OUVRAGES

## de M. Frédéric PASSY

---

**Les Machines et leur influence sur le progrès social ;**

**Le Petit Poucet du XIXᵉ siècle** *(Georges Stephenson et la naissance des chemins de fer)*. A la librairie Hachette.

**Un cours libre sous l'Empire ;**

**Pages et discours.** Questions diverses d'économie politique. A la librairie Guillaumin.

**Vérités et Paradoxes.** A la librairie Delagrave.

Au siège de la *Société Française pour l'arbitrage entre nations*, 16, rue de la Sorbonne, la série de ses publications, conférences et discours sur la paix et l'arbitrage :

**La Question de la paix ; l'Avenir de l'Europe ; Les armements de l'Avenir ; L'Utopie de la paix**, et ses articles mensuels dans la *Revue de la Paix*.

---

BIBLIOTHÈQUE PACIFISTE INTERNATIONALE

# HISTORIQUE

## DU

# MOUVEMENT DE LA PAIX

PAR

## Frédéric PASSY

Membre de l'Institut
Président de la société française pour l'arbitrage entre nations

PARIS (5e)

## V. GIARD & E. BRIÈRE

LIBRAIRES-ÉDITEURS
16, RUE SOUFFLOT ET RUE TOULLIER, 12

1904

# PRÉFACE

C'est une œuvre nouvelle que cette Bibliothèque, dont nous saluons l'apparition, et à laquelle nous sommes heureux d'apporter notre concours. Mais ce n'est pas une œuvre sans précédents.

Il y a longtemps, bien longtemps, que les sociétés américaines et anglaises de la paix, qui ont été les premières à ouvrir la marche, ont entrepris de créer, pour éclairer l'opinion, toute une littérature familière de la paix. La Peace Society de Londres, pour n'en point citer d'autres, répandait déjà à profusion, il y a une cinquantaine d'années, de petites brochures intelligemment illustrées, par lesquelles elle cherchait à atteindre jusqu'aux couches profondes de la population. Un américain, celui que l'on appelait *le savant forgeron*, Elihu Burritt, le véritable inventeur (pour son usage personnel, il est vrai) de la formule des *trois huit*, livrait au vent, pendant le second tiers du siècle der-

nier, dans plusieurs des langues qu'il parlait, de légères
feuilles auxquelles il donnait le nom de *Feuilles d'Oli-
vier*.

Nous aussi, au nom de la Société internationale
et permanente de la paix, avant 1870 ; au nom de la
Société française des amis de la Paix, après cette
date, nous avons, comme on le verra au cours de cette
brochure, publié, avec plusieurs n⁰ˢ d'un *Almanach de
la Paix*, une Bibliothèque de la Paix, dont quelques
volumes, *Les guerres contemporaines*, de Paul Leroy-
Beaulieu ; *Les maux de la guerre et les bienfaits de la
Paix*, de notre maître Edouard Laboulaye et de nous-
même ; *L'Evangile de la Paix*, du Père Perraud ;
d'autres encore, mériteraient d'être remis au jour.

Mais les livres, comme dit le proverbe latin, ont
leur destinée : *Habunt sua fata libelli*. Il ne suffit, pas
qu'ils soient bons ; il faut qu'ils ne répugnent pas
trop au goût du public et puissent avoir prise dans une
mesure suffisante sur les esprits. Il le faut du moins
pour qu'ils obtiennent un succès apparent. Car même
lorsqu'ils semblent avoir passé inaperçus, ils n'ont pas
toujours été sans influence : Le règne de la vérité,
comme le dit André Chenier,

> Au loin semé par de doux entretiens,
> Germe dans l'ombre au cœur des sages.

Et quand, plus tard, elle rencontre la faveur populaire ; quand de toutes parts la moisson lève et resplendit au soleil, c'est qu'elle a été préparée par cette lente et obscure incubation.

Aujourd'hui, la bienfaisante semence a levé. Les oreilles, trop longtemps sourdes à l'annonce de la bonne nouvelle, s'y ouvrent de toutes parts. Des résultats jugés impossibles il y a peu d'années encore, viennent couronner les efforts de ceux qui, pendant trop longtemps, ont persisté à espérer et à agir contre toute espérance. Le public indifférent ou incrédule se passionne pour des questions qu'il croyait naguère au-dessus de sa portée ou en dehors de son influence. Il sent, il comprend que c'est lui, au contraire, la passive et inconsciente chair à canon d'hier, qui est désormais l'arbitre de sa destinée, le maître de la direction nouvelle de la politique, nationale et internationale. Et, afin d'exercer utilement et intelligemment sa décisive influence, il demande à être éclairé et instruit.

C'est cette lumière, c'est cette instruction, mère de la Sagesse, que la Bibliothèque pacifiste internationale vient lui apporter. Ce que nous avons prêché dans les Congrès ; ce que nous avons peu à peu et non sans peine réussi à dire et à faire dire dans les enceintes des parlements, nous venons aujourd'hui le faire entendre dans toutes les demeures. Et c'est dans l'atelier, où l'on travaille encore, au milieu de la paix, une heure ou deux par jour pour entretenir les digestions de l'Ogre de la guerre ; c'est dans les chaumières, où les vieux parents ne peuvent voir sans trembler leurs fils s'approcher de l'âge où ils seront bons à leur être pris que, tous unis pour cette tâche sainte, des hommes et des femmes de cœur de tous les pays veulent susciter, avec la vue claire du mal et du remède, la volonté d'en finir avec cette politique de convoitise, de haine et de spoliation réciproques qui a trop longtemps dévoré le plus pur de la substance de l'humanité.

FRÉDÉRIC PASSY

# HISTORIQUE

DU

# MOUVEMENT DE LA PAIX

I

On nous demande de plusieurs côtés, sinon un historique complet du mouvement de la Paix, du moins quelques indications sur les origines et les principales phases de ce mouvement. La demande n'est pas sans fondement. Car, il faut bien le dire, bien peu de personnes sont, à cet égard, même très insuffisamment renseignées.

Tout le monde, à l'occasion, parle de *Ligue de la Paix* ; mais sans savoir exactement ce qu'il faut entendre par cette *Ligue de la Paix*, en quoi elle consiste, où elle a son siège, voire même si elle existe.

Qu'un Congrès de la Paix se réunisse ; que l'Union Interparlementaire tienne une session ; qu'une Société française, allemande, autrichienne ou anglaise fasse quelque manifestation ; que l'une des personnes connues pour faire partie de l'état-major pacifique écrive un article, fasse une conférence, ou formule une proposition, on lit aussitôt, dans un ou deux journaux, que d'autres répètent sans autre éclaircissement : *La Ligue de la Paix* a fait ceci ; la *Ligue de la Paix* va se réunir ; la *Ligue de la Paix* par ci ; la *Ligue de la Paix* par là. On ne se gêne pas, d'ailleurs, avec cette personnalité indéterminée, et l'on met volontiers à son compte toutes les fantaisies qui ont pu passer, à un moment ou à un autre, par la cervelle de quelque rêveur en possession d'une formule magique pour transformer le monde.

La réalité est plus simple, plus naturelle et tout à la fois moins ambitieuse et moins vaine.

C'est en Amérique, après les grandes guerres de l'Empire, vers 1814, que paraissent s'être constituées pour la première fois des Sociétés de la Paix. Elles ont grandi depuis, en se multiplant, et quelques-unes sont à la fois riches et puissantes.

L'Angleterre, un peu plus tard, s'engagea dans la même voie. Sous diverses influences, particulièrement sous celle des *Quakers* et de la grande famille des Pease, une association d'un caractère à la fois religieux et philantropique, la *Peace Society*, fut fondée. D'autres suivirent de grande importance aussi : *L'Association ouvrière de la Paix ; L'Association internationale d'arbitrage et de Paix ; L'Association des Femmes pour la Paix*, etc.

Sur le continent, un homme de bien, un Suisse, le comte de Sellon, prenant pour devise l'inviolabilité de la vie humaine, entreprenait une œuvre analogue. Et il est curieux de lire, à plus d'un demi-siècle de distance, les lettres non seulement très flatteuses et très encougeantes, mais très confiantes qu'il recevait du roi Louis-Philippe, du roi de Prusse et d'autres hauts personnages de l'époque.

La Belgique, de son côté, voyait, à l'appel d'Auguste Couvreur, de Visschers et de quelques autres, un mouvement se produire dans son sein. Et, de 1843 à 1848 deux ou trois Congrès, dont les procès-verbaux ont été conservés, réunissaient successivement, à Londres et à Bruxelles, les principaux partisans de la Paix des diverses contrées de l'Europe. Plusieurs des discours prononcés dans ces Congrès mériteraient d'être reproduits aujourd'hui. M. Potonié, qui les a entendus, en a donné, dans une brochure spéciale, d'intéressants extraits.

Bientôt, à la suite de la Révolution de Février, l'agitation s'accentue. Deux Congrès considérables ont lieu, l'un, en 1849, à Paris ; l'autre, en 1850, à Francfort. C'est à l'occasion de ce dernier que Frédéric Bastiat, empêché de s'y rendre par l'état déjà très grave de sa santé, écrivit la lettre dans laquelle, portant sur la paix armée un jugement que l'avenir devait trop confirmer, accusait l'ogre de la guerre de consommer autant pour ses digestions que pour ses repas.

Quant au premier, il fut d'un éclat incomparable, grâce à la présence et au concours de personnages tels que Cobden, l'abbé Deguerry, Athanase Coquerel et autres notabilités. Il fut présidé, d'ailleurs, d'une façon absolument magistrale par Victor Hugo, qui, dès cette époque, en termes saisissants, formulait cette théorie de l'arbitrage qui devait paraître vingt ans plus tard encore une nouveauté téméraire :

« Vous êtes venus ici, disait-il, de tous les points de l'horizon, pour tourner ensemble le plus auguste des feuillets de l'Evangile, celui qui ordonne aux hommes de s'aimer comme les enfants d'un même Père, et pour apprendre aux peuples à faire enfin prononcer par la raison ce qui n'avait été décidé jusqu'à présent que par la force. »

Rien de positif ne parut sortir alors de toutes ces déclarations ; et une longue période de silence suivit ces brillantes manifestations. Les idées qui y avaient été mises en avant subsistaient cependant, et une élite de penseurs continuait, sur les divers points du globe, à entretenir le feu sacré. Une occasion surgit, qui fit voir que ce n'était pas seulement cette élite, mais toute la partie saine des nations civilisées, qui, lorsqu'elle n'était pas égarée ou entraînée malgré elle, réprouvait la guerre et souhaitait la paix.

En avril 1867, la France et l'Allemagne, à propos d'un coin de terre qui s'appelle le duché de Luxembourg, et d'un tas de pierres qualifié de fortification, étaient sur le point de se ruer l'une sur l'autre, comme plus tard, hélas ! elles le devaient faire, à propos d'un soliveau ou d'une grue proposé aux grenouilles espagnoles qui demandaient un roi. Deux ou trois personnes, M. Gustave d'Eichthal, le pasteur Martin-Paschoud et celui qui dicte ces lignes, écrivirent, le même jour, sans s'être donné le mot, au rédacteur en chef du journal *Le Temps*, l'Alsacien Nefftzer, pour le conjurer de se jeter, en cette qualité d'Alsacien, entre la France et l'Allemagne.

Quelques démonstrations analogues eurent lieu, au même moment, de la part d'ouvriers allemands. Et, d'un bout à l'autre de l'Europe, l'opinion, une fois soulevée, se prononça de telle sorte qu'au bout de peu de jours la guerre était impossible. La Reine d'Angleterre, à laquelle il convient de rendre hommage, et son gouvernement, alors animé des sentiments les plus pacifiques, eurent l'honneur de profiter de ce mouvement. La Conférence de Paris, appelée, en 1856, après la guerre de Crimée, à régler les conditions de la paix, avait, par une disposition spéciale, suggérée par le secrétaire général de la *Peace Society de Londres*, M. Henry Richard, et formulée par le plénipotentiaire anglais, lord Clarendon, statué qu'à l'avenir les Puissances contractantes et celles qui adhéreraient à leurs déclarations s'interdiraient de recourir aux armes avant d'avoir fait, en tant que les circonstances l'admettraient, appel aux bons offices d'une nation amie. C'était la première fois, avait dit M. Gladstone, que la guerre était officiellement condamnée par la Puissance civilisée. Le cabinet anglais invoqua cette disposition ; et et une conférence, tenue à Londres, étouffa le feu prêt à éclater, en annulant la valeur de l'enjeu par la neutralisation et le désarmement du duché de Luxembourg.

« Vous venez d'empêcher une guerre », dirent alors un certain nombre de personnages à ceux dont l'intervention avait pu, à leur grande surprise peut-être, contribuer à préparer ce résultat; « cela ne suffit pas : il faut empêcher *la guerre*. Il faut, contre le retour de dangers tels que celui auquel nous venons d'échapper, organiser une assurance toujours prête à fonctionner. Il faut, puisqu'à votre appel il a été répondu des points les plus divers de l'Europe, grouper en faisceau toutes les bonnes volontés, sans acception de partis, de religions ou de nationalités, et fonder une *Ligue internationale et permanente de la paix.* »

Ainsi dit, ainsi fait. Car, l'idée une fois énoncée, de toutes parts, du Nord ou du Midi, de l'Orient ou de l'Occident : de l'Italie, de l'Espagne, des Pays Scandinaves, de l'Allemagne, de l'Angleterre, de l'Amérique du Nord et de l'Amérique du Sud, les adhésions arrivèrent, et les plus grands noms figurèrent bientôt sur les listes de l'association naissante. Il est peut-être piquant de mentionner parmi les encouragements, venus de très haut parfois, qui saluèrent son début, les félicitations très expressives, et assurément très sincères, de la Reine Augusta de Prusse, celle dont la guerre de 1870 devait faire une Impératrice.

C'est dans ces circonstances, au printemps de 1867, et au début de l'Exposition de cette année, que fut prononcé, pour la première fois, le nom de *Ligue de la Paix.*

Il y en avait une ; il y en eut bientôt deux.

Un homme avec lequel nous avons activement collaboré depuis, Charles Lemonnier, voulant, lui aussi, profiter du réveil d'opinion qui s'était produit, mais se proposant une action, à certains égards, différente et plus complexe, entreprenait, peu de semaines après nous, de créer une *Ligue de la Paix et de la Liberté*. Son programme, à la fois social et politique, ne pouvait guère être développé en France sous le régime impérial. Aussi fut-il obligé d'établir hors de France, à Genève, où il est encore, le siège de cette seconde Ligue que préside actuellement notre ami Emile Arnaud. Il nous avait proposé de nous unir pour une action commune. Et je pris part, chez lui, rue Tronchet, avec Joseph Garnier et le secrétaire général de la *Peace Society*, Henry Richard, en ce moment à Paris, à une conversation à la suite de laquelle, tout en rendant justice à ses intentions et à son zèle, nous crûmes devoir conserver notre autonomie. Nous tenions — la chose était assez difficile sans la compliquer — à pouvoir exercer notre propagande en France au grand jour. Nous tenions aussi, cherchant ce qui unit et évitant ce qui divise, à pouvoir rassembler sous notre drapeau de la paix tous ceux que rapprochait l'amour de la paix, quelle que pût être la diversité de leurs sentiments sur d'autres points, de même que nous tenions, dès cette première heure, à ouvrir nos rangs, sur un pied d'égalité absolue, aux femmes aussi bien qu'aux hommes.

« La paix est notre principe et notre but », disions-nous, dans notre circulaire du 1er octobre 1867. « Nous ne connaissons pas d'autre mot d'ordre ; mais, à celui-là, nous sommes invariablement fidèles... ». « Que d'autres associations poursuivent d'autres œuvres, ou que, hors de la nôtre, des membres de la Ligue travaillent dans leur liberté à des tâches différentes pour lesquelles ils sont exposés à ne plus se trouver unis, c'est leur droit et c'est peut-être leur devoir. Au sein de la Ligue, il n'y a qu'une pensée : l'apaisement des discordes internationales, qu'un drapeau : *le drapeau de la justice et du respect mutuel.* Et ni la politique, ni la religion, quelque influence qu'elles puissent avoir, d'ailleurs, sur les convictions et sur la conduite de chacun de nous, ne sauraient troubler cet accord. Quiconque aime la paix, par quelque motif que ce soit, est avec nous. »

Ce langage et cette attitude ne furent pas toujours compris comme ils auraient dû l'être. Du côté du pouvoir, prêt à prendre ombrage de tout, nous rencontrâmes peu de bienveillance. Des pétitions en faveur de la paix, que nous avions mises en circulation, furent saisies par les gendarmes, et les signataires inquiétés. Il est juste de dire que, sur nos réclamations, elles nous furent rendues. Mais lorsque, désirant profiter des circonstances exceptionnellement favorables que semblait offrir l'Exposition, nous voulûmes tenir, à Paris, un Congrès de la Paix, nous nous heurtâmes à un refus absolu. La correspondance échangée, à cet égard, entre le ministre de l'Intérieur, M. de la Vallette, et l'un de nous, est des plus curieuses.

J'ai conté ailleurs quelles difficultés nous furent opposées, plus tard, lorsque nous voulûmes tenir la première assemblée de nos sociétaires, et plus tard encore quand, à la demande de Jean Dolfus, je me rendis en Alsace, dans le but d'y développer notre programme. On ne voulait pas, disait-on, m'exposer à être lapidé, les Alsaciens ne demandant que la guerre.

Du côté du public, nous n'étions pas toujours mieux compris. Pour les uns, nous manquions à nos devoirs de Français ; pour les autres, nous avions le tort irrémissible de n'être pas des hommes de parti. Tels — et ce n'était pas toujours des hommes sans valeur — après nous avoir écrit avec enthousiasme, se retiraient, de peur de se compromettre en mettant leurs noms sur des listes où se trouveraient d'autres noms qui ne leur agréeraient point. Nous voulons bien combattre le bon

combat, disaient-ils, mais nous tenons à savoir à côté
de qui. Comme si, leur répondions-nous en vain, quand
la maison brûle ou quand le navire s'engloutit, on demandait aux pompiers ou aux sauveteurs s'ils ont dans
leur poche un billet de confession ou un diplôme de
franc-maçon.

Cependant, le mouvement se prononçait. Le premier *Bulletin*, que nous avons sous les yeux, n'est
autre chose, pendant plus de 20 pages, qu'une liste
de souscriptions et d'adhésions. Le comité international, constitué dès le premier jour, comprenait, avec
des noms bien Français, comme ceux d'Arlès Dufour,
de Jean Dolfus, de Michel Chevalier, de Joseph Garnier, ceux des Allemands Altgeld, von Liebig, Varren-
trapp ; de l'Italien Cantu ; des Belges Couvreur et
Visschers ; du sénateur Américain Charles Summer,
et, comme témoignages des sentiments exprimés dans
notre circulaire, ceux d'une des lumières de l'Eglise
catholique, le Père Gratry, du Grand Rabbin Isidor et
du Pasteur Martin-Paschoud. L'abbé Deguerry, qui,
en 1849, au Congrès présidé par Victor Hugo, avait,
avec Athanase Coquerel, le jour de la Saint-Barthélemy,
acclamé la paix et maudit les haines de toutes sortes,
n'avait pas eu le courage — il en rougissait — d'af-
fronter de nouveau, dans sa vieillesse, les colères qu'avait

suscitées cet acte de piété supérieure. Le Père Charles Perraud, l'élève favori du Père Gratry, était plus hardi ; et, dans l'église de Saint-Roch, il prêchait, à l'intention spéciale de la Ligue, un magnifique sermon, qui fut imprimé sous le nom d'*Evangile de la Paix*. Il est vrai qu'on lui en sut mauvais gré, et que, dans le diocèse de Rouen tout au moins, où il avait été appelé pour un carême, et peut-être ailleurs, la chaire lui fut, pendant une couple d'années, rigoureusement fermée.

Nous commencions, en effet, à ce moment, à recourir plus largement, pour répandre nos idées, à la parole et à la plume. A la suite d'une conférence, faite dès le 21 mai 1867, par le signataire de ces lignes, à l'amphithéâtre de l'Ecole de Médecine, sur la *La Guerre et la Paix*, une série de brochures, parmi lesquelles figura au premier rang la belle étude de M. Paul Leroy-Baulieu, sur *Les guerres contemporaines*, avait été fondée sous le titre de *Bibliothèque de la Paix*. Des travaux du même ordre, comme *La guerre et les épidémies*, par le D<sup>r</sup> Maréchal, de Metz, et une publication magistrale du D<sup>r</sup> Henrot, de Reims, associaient la province aux efforts de Paris. Dans Paris, les conférences, rendues bientôt moins difficiles, sans être trop faciles pourtant, par la loi nouvelle sur les réunions publiques, se multipliaient. A notre voix se joignaient des voix plus puissantes ou plus influentes : celles d'Edouard Laboulaye, d'Athanase Coquerel, de Foucher de Careil. Et, grâce à l'intervention décisive de Jean Dolfus, nous pouvions, pendant une assez longue suite de mois, publier régulièrement dans le journal *Le Temps*, [qui depuis... mais alors...] des *Bulletins* de quinzaine, qui étaient devenus comme le moniteur de notre campagne. La France, d'ailleurs, n'était pas la seule à participer à l'action de la Ligue ; la Belgique, à plusieurs reprises, la Suisse, l'Angleterre elle-même, nous appelaient à porter chez elles l'écho de l'agitation parisienne et à justifier ainsi notre titre de *Ligue Internationale*.

II

Nous aurions, avant de quitter cette première période du mouvement de la paix, bien des choses à dire. Mais l'espace nous est mesuré, et force nous est de nous borner. Nous ne saurions cependant, à moins d'être trop volontairement incomplet, nous abstenir de mentionner particulièrement les deux grandes assemblées présidées, l'une, par Jean Dolfus, et l'autre, par Michel Chevalier, dans lesquelles, en 1868 et 1869, furent présentés aux sociétaires, de plus en plus nombreux, les rapports qui leur étaient dus sur la gestion de l'œuvre.

C'est dans la première, tenue, comme nous l'avons dit ailleurs, après des négociations qui firent peu d'honneur au ministère de l'Intérieur de l'époque, que nous entendîmes pour la première fois ce grand homme de bien, dont le seul aspect était éloquent et dont la parole, à la fois grave et persuasive forçait la conviction, le secrétaire général de la *Peace Society* de Londres, Henry Richard : symbole, malheureusement trop imparfait encore, de l'accord qui n'aurait jamais dû cesser de régner entre les deux rives du détroit. Et c'est dans la seconde que l'on put voir et entendre, à la même tribune, témoignage d'une autre paix, qui n'aurait jamais dû être troublée non plus, le Grand-Rabbin Isidor, le Pasteur Martin-Paschoud et, dans sa robe blanche de Carme, le Père Hyacinthe.

On a dit que c'était précisément cette séance qui avait déterminé l'acte grave, et que nous n'avons point à juger ici, que devait, peu de temps après, accomplir le célèbre prédicateur. La vérité est que, si elle en devint peut-être un peu l'occasion, elle n'en fut aucunement la cause. La vérité est aussi que la phrase qui lui fut alors imputée comme un blasphème n'a jamais — la sténographie en fait foi — été prononcée par lui (1). Il avait pu dire, comme on l'a dit à Chicago, en 1893, sous la présidence du cardinal Gibbons, qu'il y a dans les trois grandes religions issues de la Bible des vérités communes et des préceptes dont l'observation peut donner lieu à de communes vertus ; il n'avait point été au-delà.

(1) Voir la conférence LA PAIX, du P. Hyacinthe.

Cependant, nous l'avons dit, le mouvement s'étendait, et, en s'étendant, s'accentuait. L'impopularité de la guerre grandissait. Elle s'affirmait dans les journaux, dans les réunions publiques, dans les conseils généraux et dans les parlements, où non seulement les hommes d'opposition irréductible, mais des modérés et des conservateurs, comme le futur gouverneur de la Banque de France, M. Magnin, ou le marquis de Talhouët, se montraient préoccupés de l'exagération des charges militaires. Le Gouvernement lui-même, par l'organe du ministre des Affaires Etrangères, le comte Daru, cherchait à amorcer, avec les autres puissances, un commencement de désarmement, et, pour affirmer la sincérité de ses intentions, réduisait de son propre mouvement, vers le milieu de 1870, de dix mille hommes le contingent de l'armée. L'Allemagne, dans d'autres sphères malheureusement, était travaillée du même désir ; et les dernières lettres qui nous en arrivaient, vers cette époque, faisaient pressentir que ce serait sur la question de l'armement et des budgets de la guerre que se feraient, peut-être d'une façon désagréable pour le cabinet de Bismark, les élections imminentes.

On sait comment les choses changèrent brusquement de face, et quel coup de foudre, par la machiavélique habileté des uns et par l'insigne maladresse des autres, éclata tout à coup dans un ciel que beaucoup, malgré nos avertissements, s'obstinaient à croire serein.

Contradiction étrange, et bien faite tout à la fois pour préserver du découragement dans les circonstances les plus désespérées et pour prémunir contre l'illusion dans les plus favorables.

En 1867, tout semble perdu : la guerre, virtuellement, est déclarée, et l'on n'attend plus, de part et d'autre, que le mot fatal qui va la déchaîner. Quelques hommes obscurs, sans autre autorité que leurs bonnes intentions, risquent une protestation ; et, à l'inverse de ces avalanches dont la voix du voyageur suffit à provoquer l'écroulement, l'ouragan prêt à fondre sur l'Europe se dissipe et l'horizon s'éclaircit.

En 1870, nous sommes une puissance. Partout, sur toute la surface de l'Europe, les centres de propagande pacifique sont organisés. Dans la presse comme dans les Parlements, les plumes et les paroles les plus écoutées mènent contre la guerre une campagne aussi active qu'énergique. Et, lorsqu'un incident, en apparence insignifiant, vient réveiller, entre les deux adversaires de 1867, une querelle que l'on pouvait croire éteinte, tous nos efforts, tous nos appels, toutes nos supplications demeurent vains. Ni les avertissements de M. Thiers, ni les éloquentes adjurations de Gambetta, qui, avant de devenir l'incarnation de la lutte à outrance, avait commencé par se faire l'avocat de la paix, ne parviennent à avoir raison de la folie générale, et, dans l'espace de quelques jours, le crime est consommé.

La *Ligue Internationale de la Paix*, en cette douloureuse crise, pas plus que la *Ligue de la Paix et de la Liberté*, ne faillit à ses devoirs. Mais que pouvait-elle, alors que la tribune elle-même se voyait réduite au silence? Tout était contre elle. Ses principaux membres, dispersés par la saison, ne pouvaient se réunir et se concerter. Surpris par les événements, sur une plage lointaine, où j'étais allé chercher un repos dont j'avais un impérieux besoin, je ne pouvais, en prenant sur moi de parler, comme secrétaire général, au nom de mes collègues, qu'adresser en toute hâte aux journaux, qui ne les accueillirent pas tous, et aux membres de la Ligue, qu'elles ne rejoignaient pas toujours, les circulaires les plus douloureusement énergiques. De Paris, où ils étaient restés, quelques-uns de mes collaborateurs, de leur côté, multipliaient leurs démarches. Martin-Paschoud, dès le 18 juillet, adressait aux deux Souverains cette lettre, qui mérite d'être conservée :

*A leurs Majestés,*

## L'EMPEREUR DES FRANÇAIS ET LE ROI DE PRUSSE

SIRES,

Vous êtes chrétiens ; Vous adorez le même Dieu ; Vous lisez le même Evangile ; Vous reconnaissez le même Christ.

Daignez permettre qu'avec le profond respect dû à vos augustes personnes, mais avec le ferme sentiment d'un devoir sacré à remplir, nous osions, en ce moment suprême, faire retentir à vos cœurs la volonté de Dieu, les prescriptions de l'Evangile, l'exemple de Jésus-Christ.

Dieu ne veut pas que les hommes s'égorgent réciproquement comme des bêtes féroces ; Il veut qu'ils s'aiment, qu'ils s'entr'aident comme ses propres enfants. En les faisant s'entre-tuer sur les champs de bataille, ne craignez-Vous pas de méconnaître et de leur faire méconnaître cette volonté de Dieu ?

L'Evangile commande de se réconcilier avec son frère, offenseur ou offensé.

En voulant noyer les offenses dans le sang, ne craignez-Vous pas de fouler aux pieds l'Evangile ?

Jésus-Christ allait de lieu en lieu, faisant le bien, pardonnant les outrages, priant pour ses bourreaux.

En portant partout le fer et le feu, en exterminant des milliers de victimes, ne craignez-Vous pas de ne pouvoir légitimement Vous appeler disciples de Jésus-Christ ?

Sires,

La politique a été impuissante dans vos conseils : que la religion soit efficace !

Nous comparaîtrons tous devant Celui qui règne dans les cieux ; hâtons-nous tous de rechercher la *justice* plutôt que la gloire, la *miséricorde* plutôt que la vengeance, et l'éternelle bénédiction du genre humain plutôt que l'éphémère éclat de notre élévation.

Après tant d'émotions cruelles, que les *Te Deum* de l'union et de la paix se fassent bientôt entendre des deux côtés du Rhin, et qu'il ne coule d'autres larmes que celles de la joie et de la reconnaissance envers Vos Majestés.

Au nom de quelques amis fondateurs de la *Ligue internationale et permanente de la Paix*.

MARTIN-PASCHOUD, Pasteur.

Plus tard, après Sedan, il en adressait une autre au roi de Prusse, désormais seul arbitre de la situation.

Et moi-même, dans l'intervalle — je demande pardon d'être obligé de rappeler mes propres actes, mais je n'agissais pas en mon nom personnel — avec la signature du même vénérable collègue et de Joseph Garnier, je hasardais la protestation suivante :

## A S. M. LE ROI DE PRUSSE

Paris, 9 septembre 1870.

**Sire,**

Il y a des hommes — il y en a en France, il y en a en Prusse — qui croient pouvoir aimer leur patrie sans haïr la patrie des autres ; qui, dans tout homme, quel qu'il soit, voient un frère ; dans toute nation, un membre du corps sacré de l'humanité.

Ce sont ces hommes, Sire, qui, à d'autres époques, alors que la France et la Prusse paraissaient prêtes à se précipiter l'une sur l'autre, ont protesté, au nom de la France et de la Prusse, contre ce grand déchirement de la famille européenne. Ce sont eux qui, la catastrophe écartée, ont multiplié leurs efforts pour en empêcher le retour. Ce sont eux qui, lorsque de

2*

nouveau la paix s'est trouvée menacée, n'ont pas craint — Votre Majesté le sait — de porter devant les souverains, aussi bien que devant les peuples, les réclamations de ce qu'ils croyaient la vérité et la justice. Ce sont eux, enfin, qui, la guerre déchaînée, n'ont cessé, sans manquer jamais à leurs devoirs et à leurs affections de citoyens, de pleurer sur les malheurs communs, et d'en demander à Dieu et aux hommes le prompt apaisement.

Ce sont ces mêmes hommes qui, aujourd'hui, par un dernier effort, s'adressent à Vous, Sire, et osent Vous dire :

ARRÊTEZ-VOUS !

ARRÊTEZ-VOUS !... Ce n'est pas au nom d'un peuple qu'ils Vous en conjurent... c'est au nom de tous !

Ils ne viennent pas, au nom de la France malheureuse, Vous demander la paix : ils n'ont pas qualité pour cela.

Ils ne viennent pas, au nom de la Prusse et de la France, également en deuil ; au nom de l'Europe, consternée et appauvrie ; au nom du monde, qui se demande si la civilisation et la primauté de l'Europe ne sont pas un vain mot ; ils viennent, au nom de Vous-même, Sire, au nom de Votre parole solennellement donnée à la face des nations ; ils viennent Vous dire :

## ARRÊTEZ-VOUS !

ARRÊTEZ-VOUS !... Vous avez déclaré à la Prusse, à la France, à l'Europe, à l'univers, que Vous ne faisiez pas la guerre pour attaquer, mais pour vous défendre. Vous avez déclaré à la France, à la Prusse, à l'Europe, que vous n'étiez pas en lutte avec la nation française mais avec le gouvernement de la France, contre lequel votre gouvernement était réduit à en appeler aux armes.

Le gouvernement n'est plus, et Vous n'êtes plus attaqué : ne manquez pas à vos engagements.

L'honneur Vous en fait une loi. L'humanité, la religion, l'amour de Votre patrie et sa véritable grandeur ne Vous le commandent pas moins.

Il n'y a pas deux mois, les amis de la paix, en avertissant leurs pays, leur disaient : « La guerre, c'est l'ébranlement et peut-être la chute des trônes. C'est, à coup sûr, le malheur des peuples, la misère, la famine, l'épidémie... » Ont-ils dit vrai ?

N'ajoutez pas, Sire, à tant de souffrances, n'accroissez pas ces monceaux de morts et ces torrents de sang. Laissez les deux nations meurtriés panser trop tard leurs blessures. Et puisque le monde, pour n'avoir pas suffisamment connu le prix de la paix, a été réduit à apprendre, plus cruellement que jamais, quel est le prix de la guerre, que, du moins, cette expérience, si chèrement achetée, lui profite ; et que, dès maintenant, en voyant des armées victorieuses s'arrêter devant le réveil d'un peuple libre, il puisse dire, pour ne plus se démentir, que l'ère des luttes fratricides est enfin fermée sans retour.

Pour la *Ligue Internationale de la Paix,*
La Commission exécutive :

Frédéric Passy, *Secrétaire général ;*
Martin-Paschoud, *Pasteur ; Président du Consistoire de l'Eglise réformée de Paris ;* Joseph Garnier, *Secrétaire perpétuel de la Société d'Economie politique,* etc.

De ces trois lettres, et de bien d'autres sans doute, quel fut le sort ? Nous ne l'avons jamais su ; et, à vrai dire, nous n'avions jamais espéré beaucoup le savoir. Mais nous nous devions à nous-mêmes de les écrire, et l'on ne nous blâmera pas d'avoir tenu à les rappeler.

Ce ne fut pas tout. Nous ne nous bornâmes pas à écrire. Nous agîmes ou, du moins, nous tentâmes d'agir. Désireux de ne rien négliger, j'avais, sans beaucoup d'espoir, suggéré à Martin-Paschoud, qui d'abord l'avait trouvée irréalisable, l'idée d'une démarche personnelle auprès du roi de Prusse. Deux ou trois jours plus tard, il me télégraphiait : « Venez vite, nous ferons notre intéressante visite. Le grand Rabbin, l'archevêque, le pasteur Vallette, Joseph Garnier, etc., sont prêts à partir. » Le lendemain matin, comme je l'ai conté ailleurs, j'arrivais à Paris et je gravissais les cinq étages du n° 202 de la rue de Rivoli, où mon excellent collègue était venu se loger l'année précédente, afin d'avoir sous les yeux le jardin des Tuileries et, ajoutait-il avec un sourire mélancolique, pour voir de plus près la prochaine révolution. Je le trouvai consterné. Tout le monde était prêt pour le pèlerinage ; les costumes officiels étaient tirés des armoires. Mais, pour se rendre au quartier général du roi de Prusse, il fallait au moins savoir où il se trouvait et se pourvoir d'un sauf-conduit. L'ambassadeur d'Angleterre seul était à même de le demander, et il ne le voulait faire, sous peine de manquer à la correction diplomatique, qu'avec l'autorisation du ministre des Affaires étrangères de France. Nous courûmes au quai d'Orsay. Jules Favre n'y était pas. Ce fut son secrétaire général, M. Hendlé, qui nous reçut. Il se déclara impuissant à nous répondre. « Voyons, Monsieur, lui dîmes-nous alors, M. le Ministre désire-t-il ignorer notre démarche (auquel cas c'est à nous à voir si nous devons la tenter à nos risques et périls.) Ou bien a-t-il des raisons, que nous n'avons pas à vous demander, pour nous prier de nous en abstenir ? » — « Messieurs, vous désobligeriez M. le Ministre. »

Tout était dit. Nous ne pouvions, évidemment, nous exposer, si notre tentative tournait mal, à nous voir reprocher d'avoir contrarié la politique du Gouvernement de la défense nationale. Mais notre désappointement fut profond. Notre douleur s'accrut lorsque, deux jours plus tard, nous apprîmes qu'à l'heure même où nous voulions partir pour Ferrières, M. Jules Favre s'y était rendu et de quelle façon il avait été reçu. Il ne pouvait en être autrement, disait Martin-Paschoud. Il a déclaré, par sa fameuse proclamation, « que la France ne céderait ni un pouce de son territoire, ni une pierre de ses forteresses ». Bismark ne pouvait que lui opposer une fin de non-recevoir.

« Mais nous, ajoutait-il, c'était bien différent. Nous ne sommes pas des diplomates, nous n'avons pas de caractère officiel, nous sommes des particuliers, qui n'engageons et ne compromettons personne. Qu'on nous eût mal reçus, jetés à la porte, gardés prisonniers ou reconduits à coups de crosse, le mal eût été secondaire, et ce n'est ni à nous ni à la France que cela aurait fait tort. »

Ce ne fut pas, en dépit de tout, notre dernier effort. La lettre ci-après, datée du 8 octobre, prouve qu'à cette époque encore mes amis ne renonçaient pas à leur généreuse entreprise.

Sire,

Au nom des plus grands intérêts de notre peuple et du Votre ;

Au nom du sang répandu et des larmes qui coulent des deux côtés du Rhin ;

Au nom du Dieu de miséricorde, que nous adorons en commun ;

Nous prions Votre Majesté de vouloir bien nous accorder l'honneur d'une audience et de nous faire parvenir le sauf-conduit nécessaire.

Suivaient les signatures :

De l'Archevêque de Paris ; du Président du Consistoire de la Confession d'Augsbourg ; du Grand Rabbin de France ; de M. Martin-Paschoud, *Pasteur de l'Eglise réformée ;* Frédéric Passy, *Secrétaire général de la Ligue de la Paix ;* Joseph Garnier.

Cette fois, je dois le dire, ils avaient — et avec grande raison — disposé de moi sans me consulter, car depuis la démarche au ministère des Affaires étrangères, nous ne nous étions point revus. En les quittant, je dus, épuisé, malade, retourner auprès de la troupe de femmes et d'enfants dont j'étais, au loin, le seul soutien et subir, pendant de longs mois, impuissant, le double supplice du manque de nouvelles et des nouvelles fausses.

Je tâchai du moins de ne pas demeurer inactif. J'avais réussi, à la dernière heure, à sauver les manuscrits envoyés, pendant les mois précédents, pour le concours ouvert par la *Ligue de la Paix*, pour un ouvrage sur *le Crime de la guerre*, et je préparais les éléments du rapport que devaient signer avec moi, au début de 1872, mes deux collègues et maîtres, MM. Renouard et Laboulaye. On sait que ce concours, indépendamment du volume intitulé *la Polémomanie ou folie de la guerre*, qui obtint le prix, et dont l'auteur était M. Mézières, ancien recteur de l'Académie de Metz, a produit plusieurs ouvrages remarquables. Tous n'ont pas été publiés, et il y aurait, si l'on en avait le moyen, avantage à en faire sortir plus d'un de son repos.

Je ne me bornais pas, d'ailleurs, à ce travail solitaire. Et presque chaque jour, par la correspondance ou par la presse, je m'efforçais de remplir, en les appuyant l'un sur l'autre, mes devoirs de patriote et d'homme de paix. J'ai cru pouvoir appeler, comme mon ami Paillottet, l'ensemble de ces écrits : *Ma Campagne de 1870*. Et je sais qu'elle n'est pas toujours restée inaperçue en France et au dehors. Les feuilles de Berlin me firent plus d'une fois l'honneur de me dénoncer comme un *héros de gueule*. Et un général prussien, installé d'autorité chez mon père, à Versailles, lui demanda un jour qui était ce M. Frédéric Passy, dont la plume n'était pas bien vue à l'Etat Major.

C'est vers cette époque, qu'à l'occasion d'un certain nombre de travaux signés du pseudonyme de Paul Brandat, j'entrai en relation avec un de ces officiers qui jugent la guerre pour l'avoir vue à l'œuvre, le commandant Réveillère, depuis contre-amiral et l'un des esprits les plus originaux comme des meilleurs écrivains de notre temps.

Le renversement de la colonne de la place Vendôme, accompli par la Commune de Paris, m'attira de sa part l'honneur d'une lettre dans laquelle, en flétrissant avec la dernière énergie la stupide destruction de ce monument des victoires de Napoléon. il me demandait si j'en approuverais le relèvement.

3

Je ne veux pas reproduire ici nos lettres. Elles allongeraient outre mesure cette notice, dans laquelle, bien malgré moi, je me trouve par la force des choses occuper déjà trop de place. Je dirai seulement que, comme mon honorable correspondant, je désapprouvais également et le renversement de la colonne et sa réédification avec la glorification nouvelle du conquérant qui l'avait fait élever. Les monuments, disais-je, qu'ils nous soient agréables ou non, les armoiries, les inscriptions, les noms de rues, sont l'histoire en pierre. Il faut les respecter comme des témoins, sauf à les interpréter comme des leçons. Il ne faut pas toujours lorsqu'à tort ou à raison ils ont été abattus, les réédifier. Et le tronçon de la colonne Vendôme, qui, d'ailleurs, au point de vue artistique, était d'un bien autre effet que le long fût de bronze qui le surmonte, eût été pour les générations à venir un témoignage saisissant des tristes conséquences tout à la fois des guerres extérieures et des guerres civiles.

III

Inutile de dire qu'au milieu de ces tristes événements
bien que nous fussions restés en relation avec les plus
hautes intelligences comme avec les plus nobles cœurs
des différents pays, il était impossible de songer à
maintenir sur pied, avec son titre et ses statuts, une
*Ligue* INTERNATIONALE *de la Paix* ; bien difficile même
et, suivant certains, impossible de s'avouer encore
en France, au lendemain de la défaite, ennemi de
la guerre et partisan de la paix. Tout était à
la revanche. Et, bien que les patriotes les plus
éprouvés, comme Jean Dolfus, les plus courageux
protestataires contre les annexions, comme le pasteur alsacien Lichtenberger, eussent désavoué hautement toute idée d'appel à la force pour reviser les injustes arrêts de la force et déclaré qu'à aucun prix ils
ne voudraient accepter la responsabilité de nouveaux
déchirements et de nouveaux massacres ; bien que

Gambetta lui-même, plus tard il est vrai, dut prononcer cette parole profonde et trop peu remarquée : « Ayons confiance. La paix a des ressources que l'on ne soupçonne pas encore ; » on ne pouvait dès le premier jour, songer à se mettre en travers du courant et opposer à la doctrine triomphante de la force qui prime le droit, la doctrine, en apparence humiliée, du droit qui prime la force.

Dès 1872, cependant, ce fut notre programme. Et c'est sous ce titre significatif : *Revanche ou Relèvement* que la *Société française des Amis de la Paix* signifia, dès le printemps de cette année, sa renaissance au monde.

... « Il faut, disions-nous dans cet appel, voir les choses telles qu'elles sont, quoi qu'il en puisse coûter de les voir ainsi, et ne pas craindre de se dire, sans complaisance, la vérité à soi-même, et au besoin de la dire aux autres. Il faut, en d'autres termes, regarder en face, au point de vue matériel d'abord, et au point de vue moral ensuite, au point de vue des résultats et au point de vue des moyens, au point de vue du présent et au point de vue de l'avenir, ces idées de revendication armée du droit, de redressement des œuvres de la force par la force, qui sont plus ou moins comprises sous ce terme sonore et vague de REVANCHE. Il faut nous demander si, comme y peut porter en effet le premier mouvement, c'est bien à la guerre qu'il convient d'en appeler de la guerre ; si c'est la voie que la prudence conseille et celle que l'honneur recommande, la plus digne de la France, pour tout dire, et la plus conforme aux espérances, aux vœux, aux intérêts des provinces qui manquent à la France, la plus réellement *patriotique* en même temps que la plus *humaine*.

« Au point de vue matériel, nous ne dirons qu'un mot parce qu'un mot suffit, à ce qu'il nous semble, et parce que ce mot seul nous coûte à dire.

« La guerre, ce peut être la victoire, mais ce peut être la défaite. C'est à la victoire qu'avaient songé, il y a dix-huit mois, alors que la France était entière. ceux qui, d'un esprit et d'un cœur si légers, lui déclaraient solennellement qu'elle était prête ; c'est la défaite qu'ils ont rencontrée. C'est à la victoire aussi que font appel ceux qui, comptant sur le désespoir de la France amoindrie, attendent d'elle un suprême et décisif effort ; peuvent-ils garantir que ce ne serait pas la défaite qui, une fois encore, leur répondrait ? Et ont-ils calculé ce que serait pour la France une autre défaite. et une défaite provoquée par une agression nouvelle ? S'il était vrai. comme on le dit, que cette jalousie inexplicable, à la-

quelle n'avaient suffi ni Waterloo, ni Sedan, ne fut pas,
après tout ce qui a suivi, assouvie encore, que pourrait-
elle souhaiter de plus, en vérité, pendant qu'une partie
de nos départements sont aux mains des garnisons
allemandes, que cette dernière preuve de ce qu'elle appelle si dédaigneusement l'*incurable légèreté française*.

« Disons-le nettement, nous avons autre chose à
faire, et pour plus d'une année — à supposer même
la nécessité de réclamer quelque jour par la force ce
qui a été enlevé par la force — que de nous « armer en
guerre et d'en faire tapage ». A ceux qui, à tout
propos et hors de propos, persistent à parler de revanche, il est temps, écrivait dernièrement un des plus
purs représentants du patriotisme lorrain, il n'est que
temps « de répondre économie et régénération ». Nous
avons à nous relever, c'est-à-dire à panser nos blessures, à sécher nos larmes, à réparer nos ruines, à
payer nos dettes, à réformer nos finances, nos institutions et nos mœurs surtout ; à remplacer par une génération nouvelle et meilleure, la génération qu'a fau-
chée ou dégradée la guerre ; à refaire le corps de la
patrie, en un mot, et à refaire son âme. »

. . . . . . . . . . . . . . . . .

« Donc, ajoutions-nous plus loin, nous ne mécon-
naissons rien, nous n'abandonnons rien, nous n'am-

nistions rien, nous n'oublions rien. Nous ne venons point, comme le disent volontiers tels et tels à qui les grands mots ne coûtent pas, parce que leurs indignations, non plus que leurs enthousiasmes, ne vont jamais au delà des mots, « passer l'éponge sur le sang et les larmes de la patrie ; » et nous ne nous inclinons pas, indifférents à tout, pourvu que la tranquillité du jour présent nous soit laissée, devant les solutions quelconques du *fait accompli*.

« Nous protestons, au contraire, au nom de l'éternelle et imprescriptible justice, contre les œuvres éphémères de la force qui, naïvement, s'imagine « primer le droit » : et nous maintenons, avec une persistance dont la modération même atteste l'énergie, la revendication incessante du droit contre la force. Nous croyons à la rétribution définitive de chacun, peuple ou homme, selon ses œuvres ; et, par conséquent, nous croyons à la revision des arrêts injustes et à la tardive mais inévitable réparation due à ceux que l'injustice a lésé. Nous faisons davantage : cette réparation nous la demandons ; et nous la demanderons jusqu'à ce que l'avenir l'ait donnée. Mais nous la demandons à ce qui la peut donner — non à ce qui la peut compromettre — nous voulons dire au travail, qui procure la puissance matérielle, la richesse, la population ; et à la sagesse, qui assure la puissance morale, le respect, l'estime, la sympathie... Nous la demandons au progrès des idées et des mœurs, et publiques et privées, et nous l'attendons surtout d'une intelligence plus générale et d'une application moins restreinte de deux principes, dont la méconnaissance et l'oubli expliquent toutes les guerres et toutes les haines du passé, dont le triomphe, si la civilisation n'est pas un vain mot, sera l'honneur et la sûreté de l'avenir.

« Le premier de ces principes, c'est que chaque peuple, comme chaque homme, s'appartient ; et qu'en conséquence c'est à lui, à lui seul, à disposer de son sang ou de son territoire, comme il est reconnu qu'il doit disposer de son or.

« Le second, c'est que les peuples, en dépit des apparences qui parfois les égarent, sont solidaires, et qu'en conséquence leurs intérêts, au lieu d'être divergents et contradictoires, sont identiques : car quel est celui qui n'ait, par l'échange des produits et des idées, tout à gagner à la prospérité des autres, tout à perdre, au contraire, à leurs malheurs et à leurs fautes ? Le monde est un réseau vivant, et pas une maille de ce réseau, quoiqu'en puissent penser ceux qu'on appelle de grands politiques, ne peut être atteinte sans que l'ensemble ne s'en ressente...

« A quoi il faut ajouter, comme garantie et comme sanction, une troisième chose : un moyen de régler les différends. puisque malgré cette solidarité croissante et mieux comprise il ne peut manquer d'en surgir encore, de temps à autre, sous diverses formes ; et un moyen moins barbare et plus efficace que l'interminable bascule des « jeux de la force et du hasard ». Ce moyen c'est la substitution à l'aveugle *jugement de Dieu* — au stupide JUGEMENT DU DÉMON. pour mieux dire — du procédé si simple, si équitable et si pratique de l'arbitrage : de l'arbitrage déjà, à plus d'une reprise, consacré en principe par les conventions internationales, et qu'on s'étonnera très certainement, dans un avenir plus ou moins prochain, de n'avoir pas depuis longtemps généralisé par un universel accord.

« L'arbitrage, c'est-à-dire la reconnaissance de cette grande vérité que nul ne peut être à la fois juge et partie ; le respect d'une loi, d'une autorité acceptée, comme un recours commun, par les intérêts et les passions en conflit ; n'est-ce pas. dans la vie publique aussi bien que dans la vie privée, le vrai, l'unique remède à ce mal suprême de la condition humaine, l'insécurité : la meilleure protection du faible et le plus véritable honneur du fort ? Si le monde moderne n'est pas, ainsi que quelques-uns le prétendent, un monde usé, destiné à disparaître bientôt, comme le monde antique, sous le débordement commencé d'une nouvelle barbarie, c'est dans cette voie et dans cette voie seule, qu'il lui sera donné de poursuivre son développement menacé. Là où la puissance matérielle grandit, il faut, sous peine de ne faire que fournir au mal des armes plus terribles et plus sûres, que la puissance morale grandisse avec elle, et non seulement autant qu'elle, mais davantage.

« Et c'est pourquoi nous n'hésitons pas à le dire, si le jour de la justice internationale n'est pas proche, si les derniers déchaînements de la guerre n'ont pas pour résultat de faire comprendre à l'Europe la nécessité de museler enfin le monstre, en amenant tour à tour et les gouvernements et les nations à proclamer à l'envi la loi nouvelle qui sera leur salut ; si les efforts de nouveau tentés partout en ce sens restent vains ; c'en est fait, l'Europe est perdue... »

Tel était, dès les premiers jours de 1872, le manifeste de la société renaissante des *Amis de la Paix*. Tel était presque au même moment le langage que, comme secrétaire du jury chargé de prononcer sur le concours contre le crime de la guerre, j'avais l'honneur de faire contresigner par mes deux éminents collègues et maîtres, MM. Augustin Renouard et Edouard Laboulaye.

Et tel était, enfin, quelques mois plus tard, dans une circonstance solennelle entre toutes, à la rentrée de la Cour de Cassation, le programme que proclamait, au nom du droit impérissable, comme au nom de la France, maîtresse de sa raison jusque dans les plus cruelles épreuves, le premier de ces deux hommes, à tant d'égards considérable.

Après avoir pris acte du récent et mémorable exemple de sagesse donné par deux grandes puissances dans le règlement amiable du redoutable conflit de l'*Alabama*, « un vœu, ajoutait-il, qu'il sied de former devant vous, hauts représentants du droit, c'est celui d'assister à l'avènement sérieux de la paix, à l'établissement de garanties réelles et d'institutions internationales généreuses et efficaces. »

« Nous, les vaincus d'hier, osons le crier à la face du monde témoin de nos récentes défaites ; et que les ressentiments de notre orgueil blessé n'éteignent pas en nous l'intelligence des vérités éternelles : la paix est bonne ; la guerre est criminelle. Notre bien-aimée patrie ne peut donner un plus éclatant témoignage de sa renaissance qu'en ne sacrifiant pas à ses rancunes la cause de la civilisation. Qu'elle dédaigne de demander à la force la revanche qu'elle attend ; il est digne d'elle de chercher dans la primauté du droit la réparation de ses maux et le retour de tous ses enfants. »

C'est dans cet esprit, dont elle ne devait jamais se départir, qu'allait reprendre, en dépit de toutes les difficultés, l'activité si déplorablement interrompue des pacifistes français.

IV

Les temps héroïques étaient passés. Plaise à Dieu qu'ils ne reviennent pas et que les Sociétés de la Paix n'aient plus à subir d'épreuves semblables à celles de l'année terrible !

Leur tâche, toutefois, était loin d'être terminée (quand le sera-t-elle ?) et les difficultés ne leur devaient pas être épargnées. Sans prétendre les suivre pas à pas dans cette nouvelle phase, constatons que c'est à partir de 1872, qu'enhardis par le succès du célèbre arbitrage de l'*Alabama*, et s'inspirant des encouragements de l'illustre comte Sclopis, nous n'avons cessé, nos amis étrangers et nous, d'élever la voix en toute occasion pour rappeler aux gouvernements qu'ils avaient à leur disposition un mode amiable et juridique de résoudre les conflits qui s'élevaient entre eux ; et que de plus en plus nos démarches, d'abord dédaignées, ont été prises au sérieux par les puissances auprès desquelles nous avions le devoir de les tenter.

Demeurées d'abord sans réponse, ou tout au plus accueillies par un simple accusé de réception, nos lettres peu à peu nous valaient, de la part de certains ambassadeurs et de leurs gouvernements, puis de tous, non seulement des réponses courtoises, mais des remerciements et des encouragements qui n'avaient rien d'équivoque.

En 1878, au Congrès de Berlin, avec mon éminent ami Henry Richard et quelques autres, nous nous trouvions admis à présenter aux plénipotentiaires, soit directement, soit par l'entremise du redoutable chancelier de fer, des requêtes, qui, si elles ne furent pas aussi complètement exaucées que nous l'aurions souhaité, eurent tout au moins pour résultat de faire confirmer par une mention spéciale les déclarations antérieures dont nous pouvions invoquer le bénéfice.

La même année, sous la présidence du vénérable M. Adolphe Franck, un Congrès universel de la Paix était tenu à Paris pendant l'Exposition ; et le nombre des sociétés qui s'y trouvaient représentées attestait, sur les différents points de l'Europe, l'Allemagne comprise, l'existence d'un mouvement déjà considérable de protestation contre la guerre et contre ses retours offensifs. Ce Congrès, d'ailleurs, à certains égards,

marquait une date importante : il fut le premier qui
eût un caractère officiel et dont les comptes rendus
furent recueillis et publiés aux frais du Gouvernement
Français.

Ce n'est, toutefois, que onze ans après, lors de la
grande Exposition universelle de 1889, que s'affirma
d'une façon définitive, et désormais irrésistible, l'autorité du mouvement pacifique ; et que des institutions
régulières et permanentes en devinrent les organes
reconnus.

Au mois de juin 1889, à l'appel d'une commission
dans laquelle s'étaient réunis les représentants de la
*Société Française des Amis de la Paix*, de la *Ligue de
la Paix et de la Liberté*, de l'*International Arbitration
and peace Association*, et d'autres, un Congrès, solennellement ouvert, au palais du Trocadéro, par
M. Franck, et présidé ensuite, à la mairie du VIⁱ ar-
rondissement, pendant douze séances, par celui qui
rassemble ces souvenirs, réunissait les délégués de
cent sociétés des deux mondes, et, parmi d'autres
résolutions, de grande importance parfois, prenait celle
de se réunir de nouveau, chaque année, dans l'une des
principales villes du monde civilisé.

On sait que cet engagement a été tenu ; et que
successivement à Londres, à Rome, à Berne, à Anvers,

à Chicago, à Budapest, à Hambourg, à Turin, à Glasgow, à Monaco, à Rouen, etc., les représentants des diverses phalanges de l'armée pacifique se sont fidèlement rencontrés pour affirmer leur persévérance et manifester l'autorité grandissante de leur influence.

On sait aussi que, rendant hommage à cette influence, les gouvernements et les municipalités se sont fait de plus en plus un devoir de proclamer par leur accueil leur sympathie pour les travaux de ces congrès ; et que, dans plus d'une des capitales où ils ont été reçus, cette réception a pris le caractère d'une magnifique et imposante manifestation.

En même temps. c'est-à-dire à la fin de ce même mois de juin 1889, un autre grand événement marquait le progrès de la propagande pacifiste, et la faisait entrer plus directement sur un autre terrain.

En 1888, le secrétaire général de la *Société ouvrière de la Paix* d'Angleterre, aujourd'hui l'*International Arbitration League*, M. Randal Cremer, membre du Parlement britannique, déjà connu pour ses démarches en faveur d'un traité d'arbitrage entre les Etats-Unis et la Grande-Bretagne, avait cru devoir soumettre à quelques membres du Parlement Français l'idée d'une conférence entre eux et un certain nombre de ses collègues de la Chambre des Communes d'Angleterre.

L'ouverture, après quelques pourparlers, avait été acceptée. Une invitation, en conséquence, avait été adressée à M. Cremer et à ses amis, et, le 31 octobre, « date qui restera peut-être historique », disait le lendemain M. Herbert Gladstone, dans une salle du *Grand Hôtel*, à Paris, il était décidé que, pour l'année suivante, au cours de l'Exposition qui devait faire de Paris pendant quelques mois le centre du monde, les membres pacifistes de tous les parlements seraient invités à se réunir en une *Conférence Interparlementaire*.

Cette conférence, malgré les difficultés qu'avait rencontrées la commission chargée de la préparer, se tenait, en effet, quelques jours après le Congrès de la Paix ; et dès cette première fois douze parlements, parmi lesquels celui des Etats-Unis d'Amérique, s'y trouvaient représentés.

Comme le Congrès, la Conférence Interparlementaire, avant de se séparer, se donnait rendez-vous à l'année suivante ou, pour mieux dire, se constituait à l'état permanent, en décidant qu'elle aussi se réunirait chaque année, et que dans l'intervalle ses membres, dans chacun de leurs parlements respectifs, resteraient groupés.

Depuis, on le sait, l'*Union Interparlementaire* —

c'est le nom qu'elle a définitivement adopté — s'est régulièrement organisée. Tous les parlements, les uns après les autres, y ont adhéré. Une commission, nommée par l'ensemble de ses membres, la représente dans l'intervalle des sessions, et un comité, siégeant à Berne, lui sert de centre et d'organe.

Un autre comité, le *Bureau International de la Paix*, organe d'une société régulièrement constituée et représentée par une commission internationale, sert de centre d'information et d'action, au besoin, à toutes les Sociétés de la Paix du monde entier, et permet, à l'occasion, de faire entendre d'un bout de la terre à l'autre, à la même heure et avec la même énergie, les protestations de la conscience universelle contre les fautes et les défaillances des gouvernements et des peuples, et les appels de la raison et de l'humanité à la justice et à l'intérêt bien entendu des gouvernements et des peuples.

Ce travail, quelque sommaire qu'il soit, serait trop incomplet si nous ne rappelions en quelques mots au moins qu'à côté de ces manifestations collectives se multipliaient, dans les différents pays, et sous les formes les plus diverses, des manifestations particulières. Tandis qu'à Berlin, en 1884-1885, quatorze Etats, réunis en conférence pour la reconnaissance de

l'Etat libre du Congo, érigeaient en obligation absolue,
pour tout différend relatif à cet Etat, le recours à la
médiation des puissances amies, et recommandaient
officiellement l'arbitrage ; la Chambre des députés de
France, par l'organe de son rapporteur M. Steeg, prenait acte solennellement de ce progrès nouveau des idées
de justice et de solidarité se substituant aux anciennes
idées de recours à la force et d'appel à la violence.

Le même parlement, en soumettant à l'arbitrage de
l'Empereur de Russie la délimitation des frontières de
la Guyane Française et de la Guyane Hollandaise,
consacrait par un vote unanime, non seulement le fait
de cet accord, mais les termes du rapport dans lequel
la théorie de l'arbitrage était hautement affirmée. Il se
montrait, dès la même époque, unanimement disposé
à accueillir, comme il devait le faire plus tard, lorsque
la proposition fut reprise par M. Barodet, une réso-
lution en faveur d'un traité général et permanent d'arbitrage entre la République Française et la République
des Etats-Unis.

Des propositions et des votes analogues étaient émis
dans d'autres parlements. La Chambre des Communes
d'Angleterre, notamment, sur l'initiative de M. Cremer,
demandait, elle aussi, à l'unanimité, l'ouverture de
négociations avec la République Américaine, en vue

d'un traité d'arbitrage. Et ce traité, quelque temps après, était en effet conclu par les deux gouvernements. Il s'en est fallu de bien peu qu'il n'obtint, au Sénat de Washington, la majorité exceptionnelle des deux tiers, nécessaire pour sa ratification.

D'autres nations ont été plus heureuses. La Monarchie Italienne et la République Argentine, imitée depuis par la plupart des Républiques voisines, ont les premières donné l'exemple de la conclusion définitive d'une convention qui, en aucun cas, ne leur permet de recourir à la guerre pour vider leurs différends, et qui, par avance, règle de la façon la plus précise et la plus rigoureuse la procédure amiable par laquelle elles devront être conciliées

La conclusion naturelle de ce long et persévérant travail, ce serait évidemment l'adoption, par l'ensemble des puissances civilisées, d'un droit des gens nouveau, consacrant pour les peuples la loi fondamentale que toute société digne de ce nom a imposée à ses membres. c'est-à-dire interdisant à toute collectivité, aussi bien qu'à tout particulier, la faculté de se faire justice à soi-même, et organisant au-dessus des parties en cause, et en leur nom, une juridiction supérieure, chargée de prononcer entre elles au besoin.

Ce terme n'est point atteint encore, force nous est bien de le reconnaître. Mais comment nier que l'on ne s'en soit rapproché, et que la tendance générale du monde civilisé ne soit de s'en approcher chaque jour davantage encore? Qu'est-ce que cet effort, imparfait sans doute, mais si puissant, et que nul n'aurait osé espérer, il y a peu d'années, tenté par la Conférence de La Haye? Qu'est-ce que cet appel adressé, par le plus grand souverain militaire du monde, à la raison et à la conscience de toutes les puissances, en vue de réduire, avec les chances d'insécurité, les charges qui pèsent sur les peuples, et de préparer, sur la base de l'équité et de la bienveillance, une ère de paix moins incertaine que celle que l'on appelle la paix armée?

Tentative vaine, disent les sceptiques, avortement de première classe, illusions bientôt démenties par la cruelle réalité! « Non, progrès insuffisant, mais progrès considérable, étape nouvelle et décisive vers la reconnaissance de ce régime supérieur qu'appellent à l'envi les vœux des peuples et les aspirations des véritables politiques ; promulgation, qu'il sera difficile de renier longtemps, du devoir commun de tous les gouvernements de s'entendre pour maintenir la paix, et constitution, dès maintenant réalisée, en leur nom à tous, d'une magistrature supérieure, devant laquelle, après avoir été contraints d'en reconnaître la nécessité, ils seront bien contraints de s'incliner ».

V

Ainsi parlions-nous, il y a une couple d'années à peine, lorsque la persistance des gouvernements à refuser de se servir de l'instrument qu'ils avaient eux-mêmes créé semblait autoriser encore les défiances des timides et les sarcasmes des sceptiques. L'organe est créé, ajoutions-nous, que ce soit de bon gré ou non, il créera la fonction. Et l'organe a fonctionné. Et, à l'heure qu'il est, une affaire qui, par la façon dont elle avait été engagée, semblait ne pouvoir se terminer que par la guerre, l'affaire du Venezuela, se plaide, après d'autres, paisiblement devant la cour de La Haye. L'impulsion est donnée. La souveraineté de la cour suprême des nations est reconnue.

Elle l'est par les appels qui ont été adressés à cette cour, comme la supériorité de l'arbitrage l'était déjà, et de plus en plus, par la multiplication rapide du recours à ce procédé (1).

Elle l'est par les conventions conclues et les démarches tentées, dans le nouveau monde, en même temps que dans l'ancien, pour soumettre à la juridiction nouvelle un nombre chaque jour croissant de puissances. Ce sont les Républiques Chilienne et Argentine qui, déjà entrées en campagne l'une contre l'autre, s'arrêtent devant les représentations qui leur sont faites au nom des sociétés de la paix, et, après s'être soumises noblement à la sentence du roi d'Angleterre, licencient leurs armées, désarment leurs vaisseaux et remplacent par des chargements commerciaux les canons et les munitions de guerre. C'est le Congrès Pan-Américain de Mexico, à la suite duquel nous y insistons, les diverses Républiques de l'Amérique du Sud, déjà liées pour la plupart par des traités d'arbitrage avec leur ancienne métropole, l'Espagne, en contractent de formels les unes avec les autres, et s'engagent, pour tous les différents qui pourraient survenir entre elles, à aller frapper, de l'autre côté de l'Océan, à la porte de la cour de La Haye.

(1) Cent soixante-dix-sept sentences arbitrales de 1774 à 1900, quatre-vingt-dix de 1880 à 1900, et plus de trente dans les trois premières années de ce siècle : une par mois.

C'est, en même temps, en Europe, un mouvement encore trop peu connu du public, mais qui, préparé dans l'ombre, commence à éclater au grand jour. Ce sont les Etats Scandinaves, le Danemark, la Belgique, les Pays-Bas faisant, à d'autres nations, parmi lesquelles la France, des ouvertures en vue de la conclusion de semblables traités : ouvertures qui ne resteront certes pas sans résultat. Et ce sont en même temps ces voyages, ces discours de souverains et de chefs d'Etat, parmi lesquels on nous permettra de noter particulièrement les visites du roi d'Angleterre et du roi d'Italie, au Président de la République Française, et de celui-ci à Londres, hier, à Rome, demain. Démarches officielles avec lesquelles coïncide si heureusement la réception des parlementaires français en Angleterre et des parlementaires anglais en France, et la sympathie avec laquelle, des deux côtés du détroit, a été suivie la mémorable campagne de M. Barclay, et les votes presque unanimes — nous n'avions pu en obtenir un seul, il y a quelques années — des conseils généraux en faveur de la paix et de l'arbitrage. Ajoutez à cela — mais c'en est peut-être la cause — le développement des sociétés de la paix, qui, rares et presque ignorées il y a un quart de siècle, sont aujourd'hui répandues et agissantes sur tous les points du continent comme de l'Angleterre ; et l'adhésion presque unanime des instituteurs et des institutrices, dont les groupes, les *Amicales*, comme ils s'appellent, se font un devoir de prêcher aux enfants une éducation amicale et pacifique ; et celles des Associations d'ouvriers, qui comprennent aujourd'hui que le premier de leurs intérèts c'est de ne point se voir enlever pour la préparation de la guerre la meilleure partie du fruit de leurs sueurs, en attendant de se voir euvoyés eux-mêmes à la bouche dont ils font les frais.

Et les gouvernements comme les peuples se rendent compte à leur tour de la folie et du crime de la vieille politique de haine et de destruction mutuelle ; et des bouches officielles tombent des déclarations d'une autre signification que le timide 23ᵉ protocole de 1856. « L'arbitrage fait désormais partie de la politique régulière des nations civilisées », disait, en septembre dernier, en ouvrant la Conférence Interparlementaire de Vienne, son président, le baron de Plener. Et il ajoutait, dans un autre discours, après avoir montré comment tous les progrès, après avoir passé d'abord pour des impossibilités, puis pour des mesures subversives, deviennent des mesures de conservation nécessaires : « Vous êtes, messieurs, les vrais conservateurs. » Le président du conseil des ministres, le baron de Kœrber, nous disait de son côté : « L'obligation de l'arbitrage sera, Messieurs, le couronnement de vos efforts ». Il proclamait que les gouvernements comme les peuples comprennent la nécessité de fonder sur le travail, qui ne peut se passer de sécurité, le bien-être des sociétés, et il concluait : « Travaillez en paix pour la paix. »

Quelques jours plus tard, à Rouen, où se tenait le Congrès international des sociétés de la paix, et au Havre, où il se terminait par une réunion mémorable, un membre du gouvernement Français, le ministre du commerce, après avoir entendu les délégués des diverses nations représentées, tenait à son tour le même langage. Il ne se contentait pas d'accepter le titre que nous lui avions donné de ministre de la paix — commerce et paix ne sont-ils point synonymes ? — il demandait, sans empiéter sur le domaine de celui de ses collègues qui a le soin de la défense nationale, à être « le ministre de la guerre... de la guerre à la guerre ». Son prédécesseur, qui avait ouvert, en 1900, notre congrès à Paris, comme il le clôturait, lui, en 1903, écrivait, il y a quelques semaines, en tête d'une étude consacrée par un étranger à l'examen d'une question dont les Français et les Allemands ne peuvent guère parler impartialement, et dont il faut que l'on parle :

« Les idées de justice et de paix marchent à pas de géant. Elles régneront ».

Nous voici loin de l'époque où l'illustre comte Sclopis, après avoir glorieusement contribué à la solution pacifique de cette affaire de l'*Alabama* qui avait failli mettre aux prises les deux branches de la grande famille Anglo-Saxonne, nous écrivait : « Il faut vaincre la surdité volontaire des gouvernements ». Il n'y a plus de sourds dont les oreilles, volontairement ou non, soient assez fermées pour ne pas entendre le cri de l'humanité. La solidarité, désormais visible à toute heure, des diverses nations les oblige à se connaître et à se respecter. Et comme le disait, en 1900, le Président de la République Française, qui avait accepté en 1903, la présidence d'honneur du Congrès de la paix : « Elle imposera » — elle impose déjà — « le règlement amiable des conflits internationaux et l'affermissement de la paix, toujours plus glorieuse que la plus glorieuse des guerres ».

———

Cette brochure était composée, et nous achevions d'en corriger les épreuves, lorsque s'est accompli, à l'honneur de la France et de l'Angleterre, l'heureux événement dont nous n'avions pu que faire pressentir la réalisation prochaine : le traité du 14 octobre. Ce traité a été, et sera encore, dans la presse et dans des publications spéciales, l'objet de nombreuses et sérieuses études. Nous ne pouvons ici qu'en prendre acte. Mais nous tenons à dire tout au moins, ainsi que l'a magistralement exprimé l'un de nos plus éminents amis anglais, M. Hodgson Pratt, que s'il ne nous donne pas encore tout ce que nous croyons être en droit de réclamer, pour garantir au monde l'entière sécurité dont il a besoin, il est tout au moins, dans la voie du progrès que nous poursuivons, une étape considérable, la plus importante et la plus significative qui ait encore été accomplie. C'est, pour le plus grand nombre des conflits qui peuvent survenir entre les deux grandes nations libérales, la renonciation solennelle à la violence et à l'arbitraire. C'est, par ces mêmes grandes puissances, la reconnaissance et la consécration officielle de la Cour de La Haye. C'est, enfin, l'affirmation de leur volonté réfléchie de mettre un terme aux sentiments de jalousie et de rivalité malveillante qui trop souvent les ont divisées, et de ne plus connaître d'autre émulation que celle du travail qui féconde et du progrès moral qui élève. L'élan est donné ; le reste suivra.

---

Saint-Amand (Cher). — Imprimerie Bussière.

www.ingramcontent.com/pod-product-compliance
Ingram Content Group UK Ltd.
Pitfield, Milton Keynes, MK11 3LW, UK
UKHW020017080726
13614UKWH00003B/1406